MES 500 PREMIERS MOTS EN ARABE

MON PREMIER GRAND IMAGIER BILINGUE SUR LES THÈMES DU QUOTIDIEN POUR APPRENDRE L'ARABE AUX ENFANTS, AUX ADOLESCENTS ET AUX ADULTES DÉBUTANTS

DICTIONNAIRE VISUEL BILINGUE ARABE- FRANÇAIS
DES MOTS LES PLUS COURANTS

أوّل 500 كلمة باللّغة العربية

Atlas Publications

DU MÊME AUTEUR

Le seul livre dont vous aurez besoin
pour maîtriser l'alphabet arabe:

CONTACTEZ-NOUS

Vos suggestions et remarques sont les bienvenues:

https://bio.link/AtlasAr

Merci de nous laisser un commentaire sur Amazon. Votre retour sera apprécié.

N.B. : Tous les articles définis – le, la, l' et les – sont traduits en arabe par « ال ». Nous avons choisi de ne pas répéter « ال » pour éviter la redondance.

AVANT-PROPOS

Cet imagier a été pensé pour aider les enfants, les adolescents et les adultes débutants à apprendre facilement leurs premiers mots en langue arabe.

Ce glossaire contient 550 mots illustrés et classés en 23 thématiques du quotidien : animaux, transports, véhicules, couleurs, fruits, légumes, vêtements, maison, école, chiffres, cuisine, salle de bain, nature, sport, jeux, professions ...

Tous les mots sont écrits à la fois en français, en arabe ainsi que les transcriptions phonétiques en lettres latines (prononciations), ce qui fait de ce livre illustré une véritable édition bilingue. Ce livre peut aussi servir à apprendre le français.

Nous espérons que ce livre élaboré avec attention, vous aidera à maîtriser le vocabulaire fondamental de l'arabe standard. Que vous soyez novice ou que vous repreniez là où vous vous étiez arrêté, nous espérons que ce dictionnaire visuel deviendra un compagnon fidèle dans votre parcours d'apprentissage linguistique.

INDEX

L'ALPHABET — الأَبْجَدِيَّة

ج جـ ـجـ ـج j jamal	**ث ثـ ـثـ ـث** ṯ [th] ṯaɛlab	**ة ت تـ ـتـ ـت** t tuffāḥa	**ب بـ ـبـ ـب** b dubb	**أ** a alf
ر ـر r nasr	**ذ ـذ** ḏ [dh] ḏahab	**د ـد** d aswad	**خ خـ ـخـ ـخ** kh [ḵ] khamsa	**ح حـ ـحـ ـح** ḥ ḥiṣān
ض ضـ ـضـ ـض ḍ akhḍar	**ص صـ ـصـ ـص** ṣ aṣfar	**ش شـ ـشـ ـش** ch [sh] chams	**س سـ ـسـ ـس** s sitta	**ز ـز** z manzil
ف فـ ـفـ ـف f fa'r	**غ غـ ـغـ ـغ** gh [ɣ] ghazāla	**ع عـ ـعـ ـع** ɛ ɛasal	**ظ ظـ ـظـ ـظ** ẓ miẓalla	**ط طـ ـطـ ـط** ṭ ṭā'ira
ن نـ ـنـ ـن n asnān	**م مـ ـمـ ـم** m būma	**ل لـ ـلـ ـل** L qalam	**ك كـ ـكـ ـك** k kitāb	**ق قـ ـقـ ـق** q qird
ا ـا ā [aa] mā'	**ـَ** a azraq	**ي يـ ـيـ** y yad	**و ـو** w warda	**هـ ـهـ ـه** h nahr
ـُ u [ou] khubz	**و ـو** ū [uu] sūq	**ـِ** i qiṭṭa	**ـيّ** ī [ii] dīk	**ء أ ـؤ ـئـ** ka's

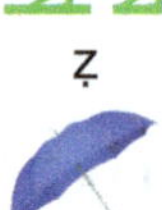

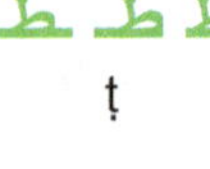

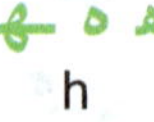

LES GENS, LA FAMILLE

رَجُل
rajul
l'homme (un)

إِمْرَأَة
imra'a
la femme

وَلَد
walad
le garçon

بِنْت
bint
la fille

أَطْفَال
aṭfāl
les enfants

رَضِيع
raḍīɛ
le bébé

النَّاس
annās
les gens

عَائِلَة
ɛā'ila
la famille

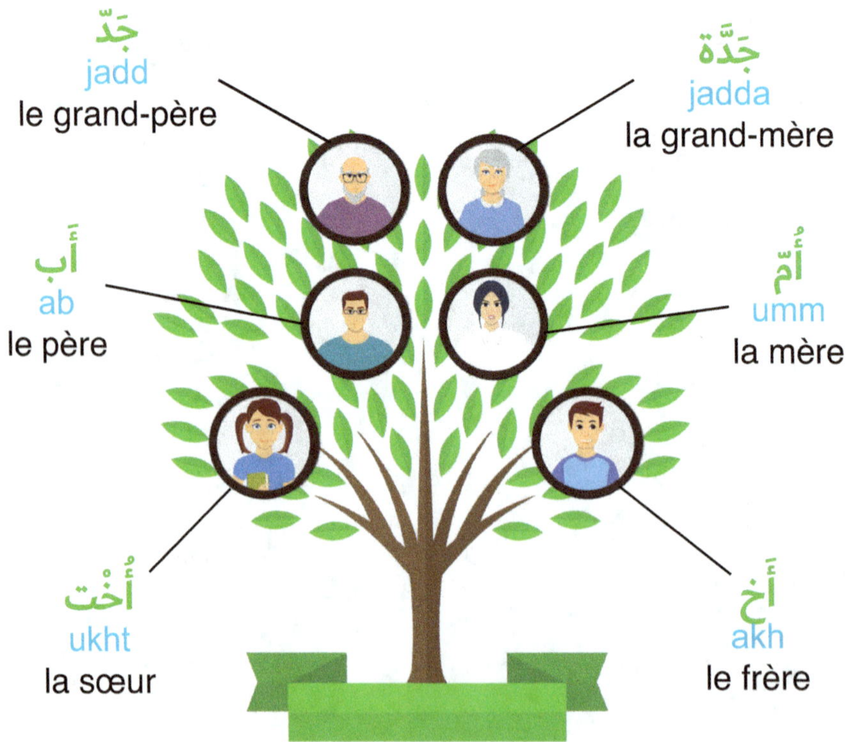

جَدّ
jadd
le grand-père

جَدَّة
jadda
la grand-mère

أَب
ab
le père

أُمّ
umm
la mère

أُخْت
ukht
la sœur

أَخ
akh
le frère

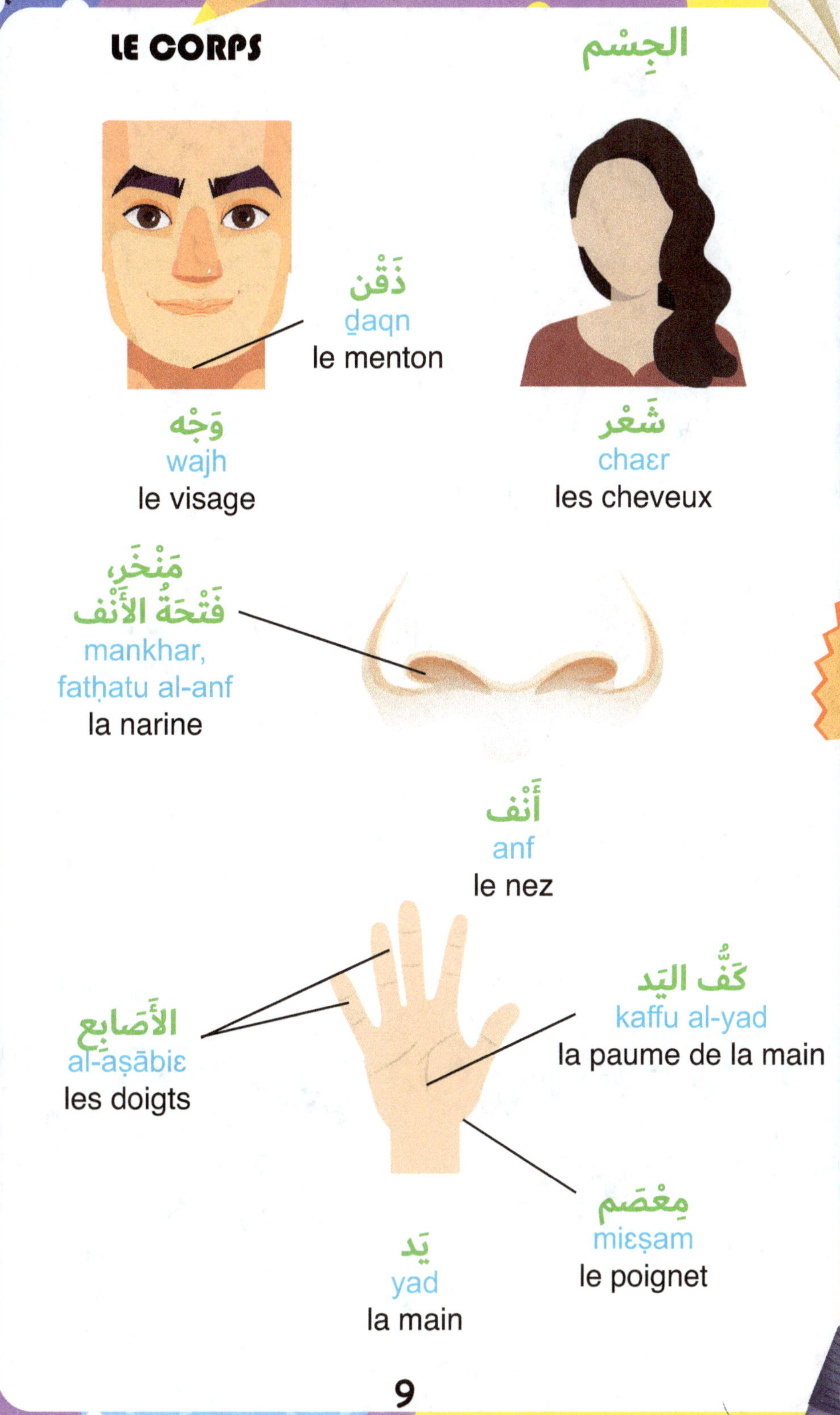

LE CORPS
الجِسْم

ذَقْن
ḏaqn
le menton

شَعْر
chaɛr
les cheveux

وَجْه
wajh
le visage

مَنْخَر،
فَتْحَةُ الأَنْف
mankhar,
fatḥatu al-anf
la narine

أَنْف
anf
le nez

كَفُّ اليَد
kaffu al-yad
la paume de la main

الأَصَابِع
al-aṣābiɛ
les doigts

مِعْصَم
miɛṣam
le poignet

يَد
yad
la main

فَم
fam
la bouche

لِسَان
lisān
la langue

أَسْنَان
asnān
les dents

شِفَاه
chifāh
les lèvres

أُذُن
uḏun
l'oreille (une)

حَوَاجب
ḥawājib
les sourcils

جَفْن
jafn
la paupière

رُمُوشُ العَيْن
rumūchu al-ɛayn
les cils

عَيْنَان
ɛaynān
les yeux

عَيْن
ɛayn
l'œil (un)

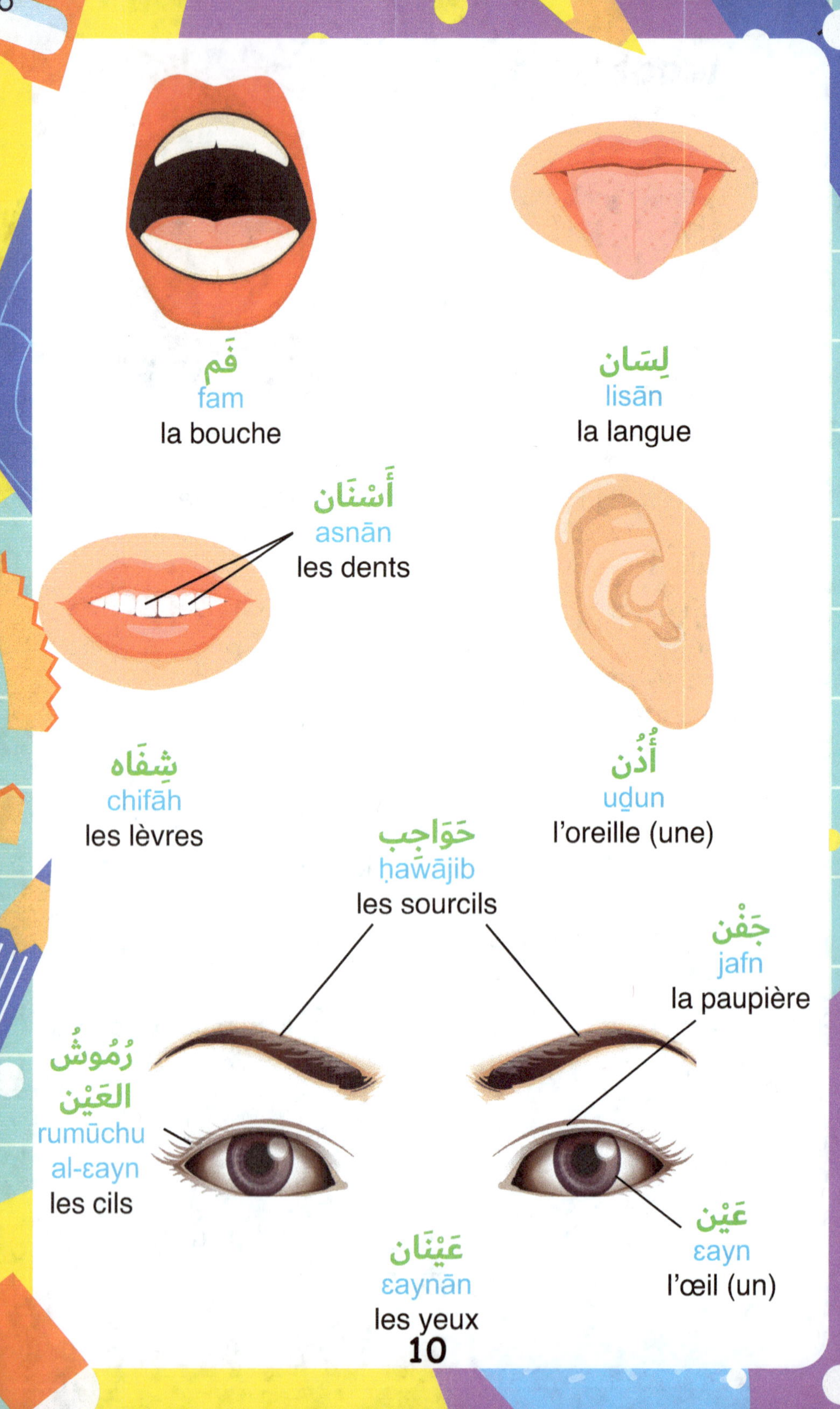

10

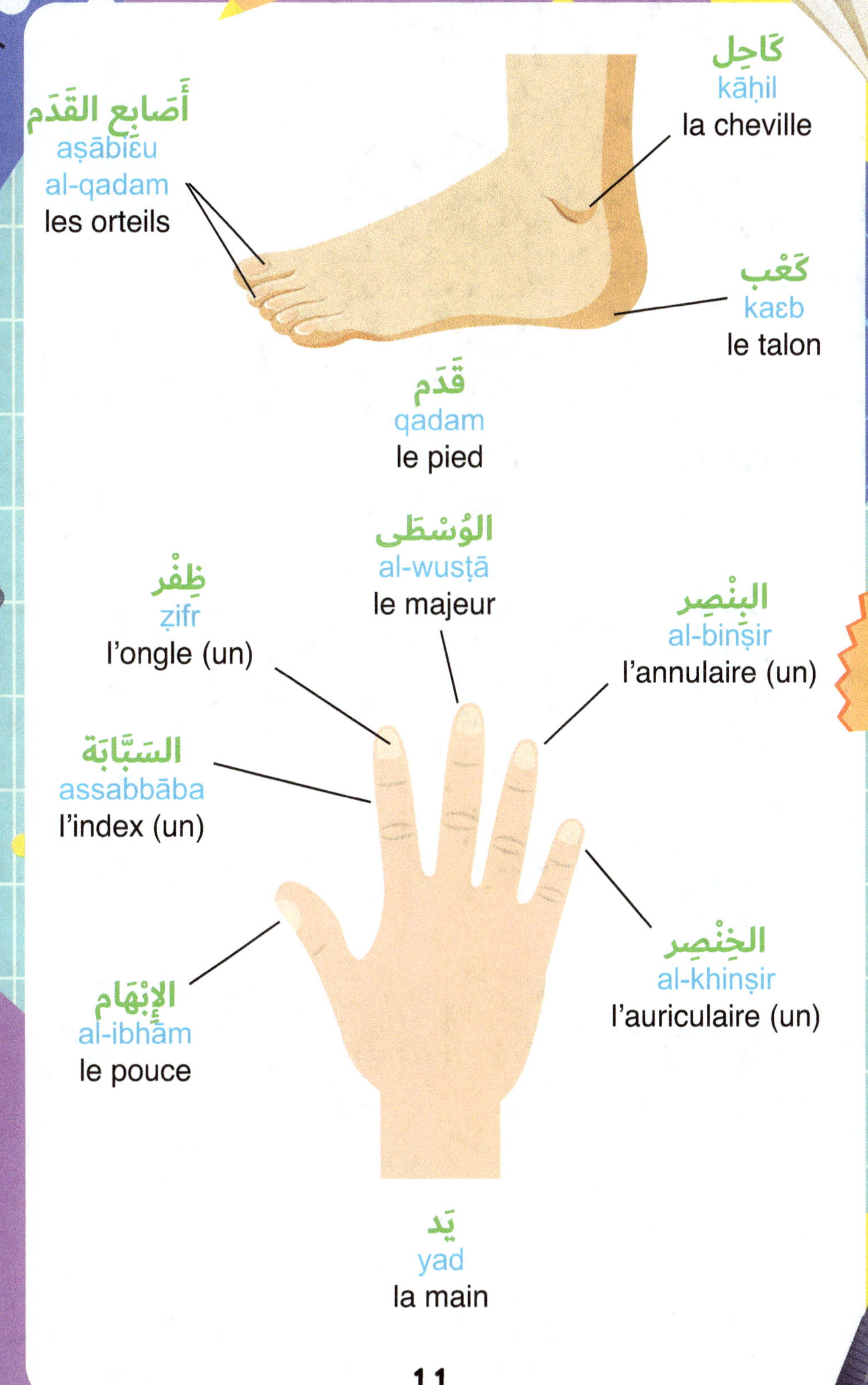

گَاحِل
kāḥil
la cheville

كَعْب
kaɛb
le talon

أَصَابِع القَدَم
aṣābiɛu
al-qadam
les orteils

قَدَم
qadam
le pied

ظِفْر
ẓifr
l'ongle (un)

الوُسْطى
al-wusṭā
le majeur

البِنْصِر
al-binṣir
l'annulaire (un)

السَبَّابَة
assabbāba
l'index (un)

الخِنْصِر
al-khinṣir
l'auriculaire (un)

الإبْهَام
al-ibhām
le pouce

يَد
yad
la main

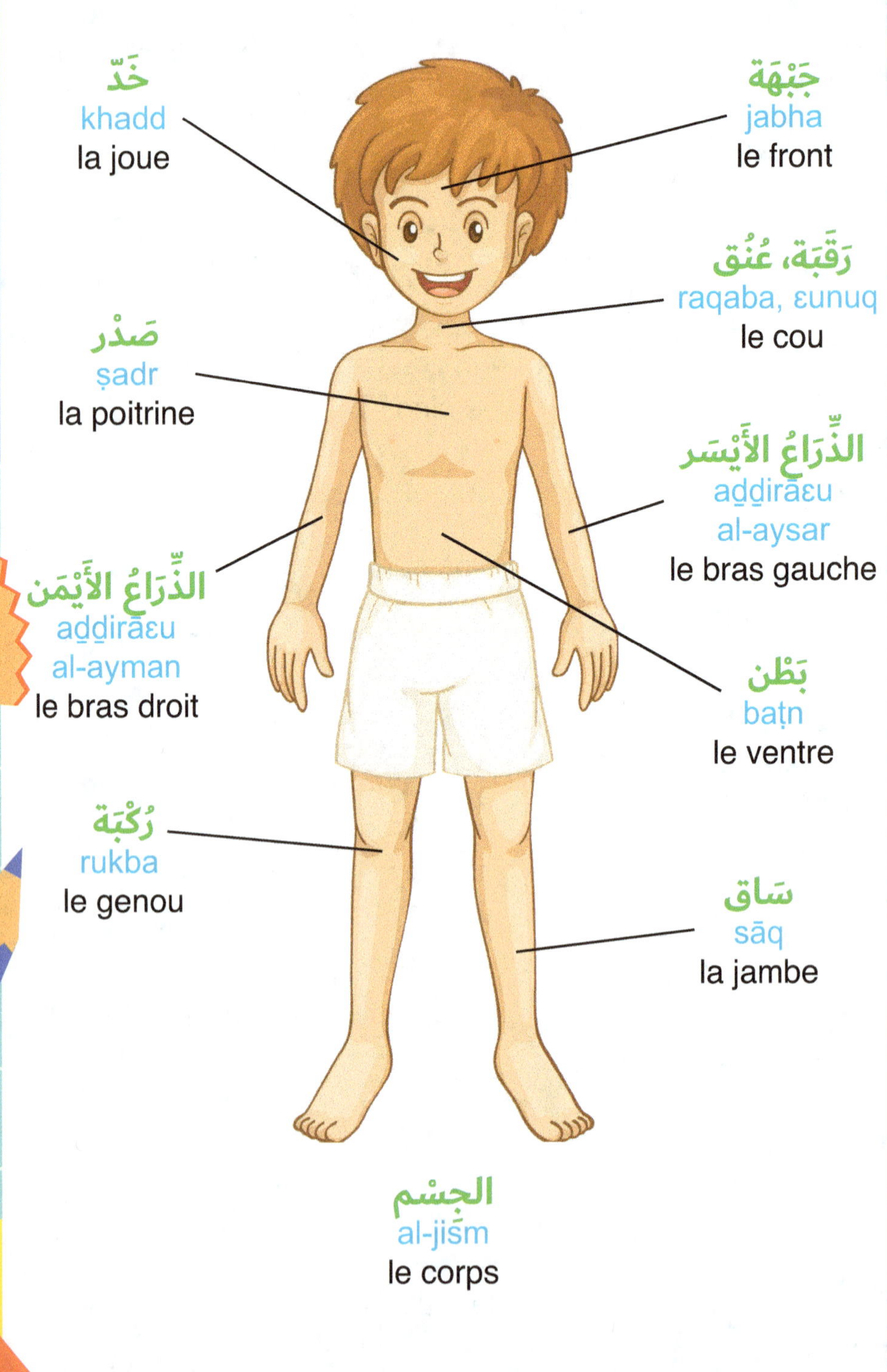

خَدّ
khadd
la joue

جَبْهَة
jabha
le front

رَقَبَة، عُنُق
raqaba, ɛunuq
le cou

صَدْر
ṣadr
la poitrine

الذِّرَاعُ الأَيْسَر
aḏḏirāɛu
al-aysar
le bras gauche

الذِّرَاعُ الأَيْمَن
aḏḏirāɛu
al-ayman
le bras droit

بَطْن
baṭn
le ventre

رُكْبَة
rukba
le genou

سَاق
sāq
la jambe

الجِسْم
al-jism
le corps

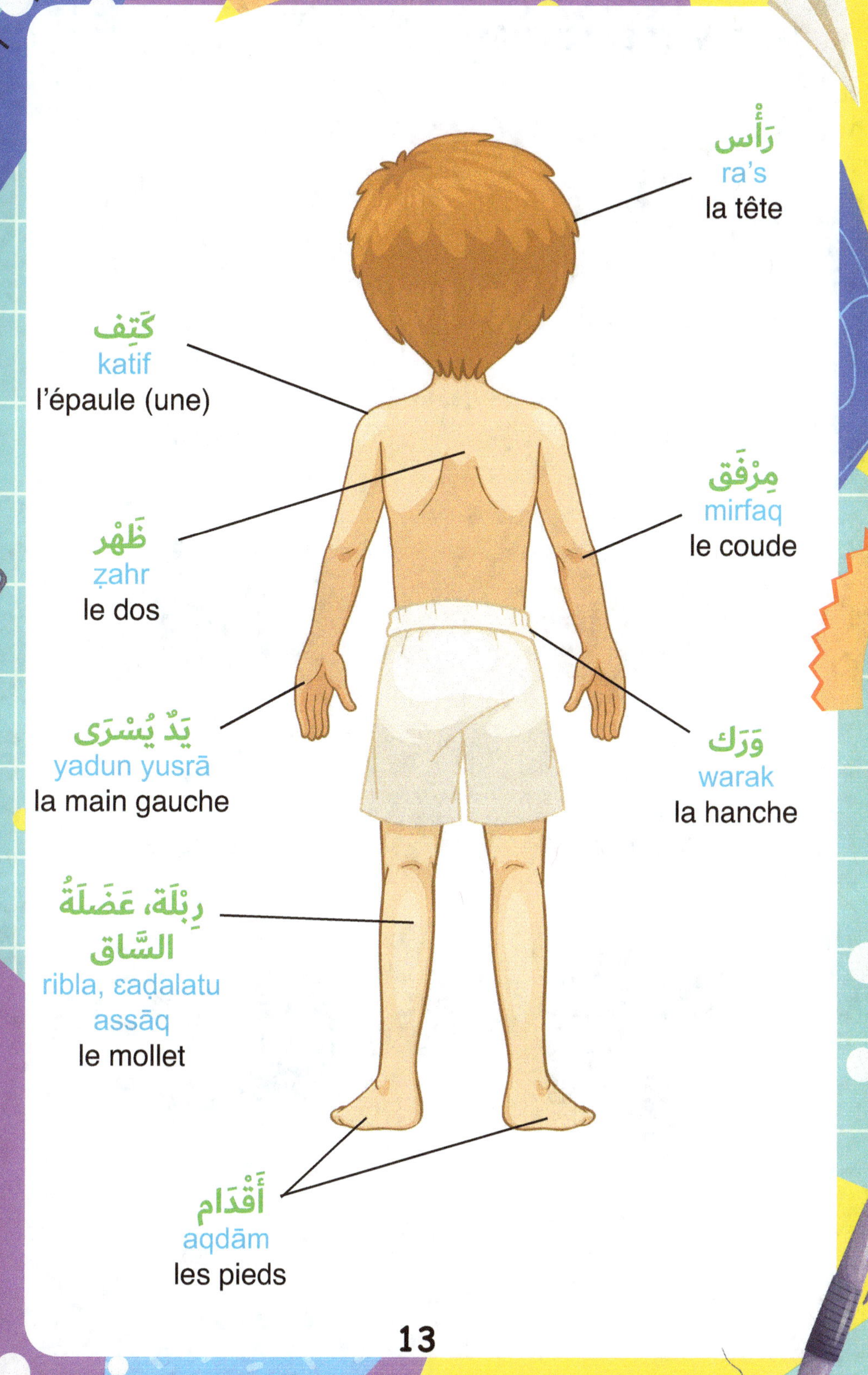
رَأْس
ra's
la tête

كَتِف
katif
l'épaule (une)

ظَهْر
ẓahr
le dos

مِرْفَق
mirfaq
le coude

يَدٌ يُسْرَى
yadun yusrā
la main gauche

وَرَك
warak
la hanche

رِبْلَة، عَضَلَةُ السَّاق
ribla, ɛaḍalatu assāq
le mollet

أَقْدَام
aqdām
les pieds

LES FRUITS ET LÉGUMES

الفَوَاكِهُ وَ الخُضَر

إجَّاصة، كُمَّثَراة
ijjāṣa, kummatrā
la poire

مَوْزَة
mawza
la banane

خَوْخَة
khawkha
la pêche

بَطِّيخَة
battīkha
la pastèque

عِنَب
ɛinab
les raisins

تِين
tīn
la figue

تُفَّاحَة
tuffāḥa
la pomme

بُرْتُقَالَة
burtuqāla
l'orange (une)

فَرَاوْلَة
farāwla
la fraise

أَنَانَاس
anānās
l'ananas (un)

تَمْرَة
tamra
la datte

زَيْتُونَة
zaytūna
l'olive (une)

لَيْمُونَةٌ حَامِضَة، أُتْرُجَة

laymūnatun ḥāmiḍa, utruja

le citron

رُمَّانَة

rummāna

la grenade

بَطَاطَا

baṭāṭā

la pomme de terre

طَمَاطِم

ṭamāṭim

la tomate

جَزَرَة

jazara

la carotte

بَصَلَة

baṣala

l'oignon (un)

فِطْر

fiṭr

le champignon

يَقْطِين

yaqṭīn

le potiron

ثُوم

ṯūm

l'ail (un)

فِلْفِلَة حُلْوَة

filfila ḥulwa

le poivron

لُوز

lūz

les amandes

جَوْز

jawz

la noix

قَرْنَبِيط
qarnabīṭ
le chou-fleur

بَازيلَاء، جلْبَانَة
bāzīla', jalbāna
les petits pois

خِيَار
khiyār
le concombre

كَوْزُ الذُّرَة
kawzu aḏḏura
l'épi de maïs (un)

كُرْنُب
kurnub
le chou

كُوسَة
kūsa
la courgette

LA NOURRITURE

حَلِيب

ḥalīb

le lait

سَلْطَة

salṭa

la salade

زُبَادِي، يُوغُرْت

zubādī, yūghurt

le yaourt

بَيْضَة

bayḍa

l'œuf (un)

دَقِيق

daqīq

la farine

خُبْز

khubz

le pain

مَشْرُوب
machrūb
la boisson

عَصِير
ɛaṣīr
le jus

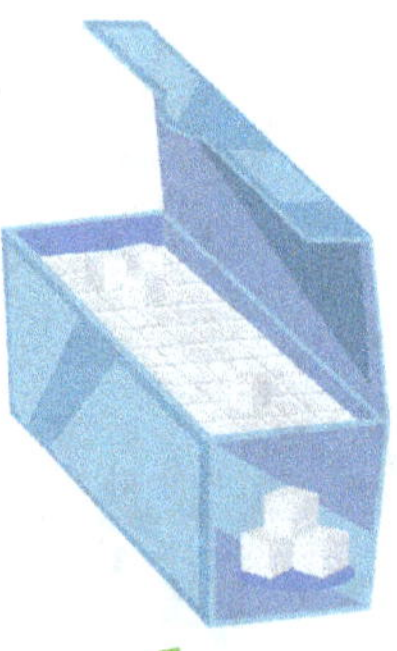

سُكَّر
sukkar
le sucre

زَيْتُ الزَّيْتُون
zayt azzaytūn
l'huile d'olive (une)

مِلْح
milḥ
le sel

فِلْفَلٌ أَسْوَد
filfalun aswad
le poivre

حَلْوَى

ḥalwā

le bonbon

بِسْكَويت

biskawīt

le biscuit

عَسَل

ɛasal

le miel

مُرَبَّى

murabbā

la confiture

جُبْنَة

jubna

le fromage

زُبْدَة

zubda

le beurre

آيْس كْرِيم
ays krīm
la glace, la crème glacée

قِشْدَة
qichda
la crème

لَحْم
laḥm
la viande

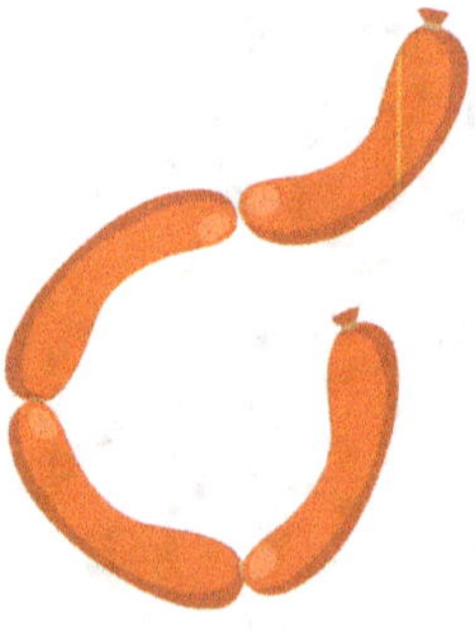

نَقَانِق
naqāniq
les saucisses

أَكْل
akl
fait de manger

شُرْب
churb
fait de boire

LES VÊTEMENTS

المَلَابِس

قُبَّعَة

qubbaɛa

la casquette

قُبَّعَةُ بِينِي

qubbaɛatu bīnī

le bonnet

قُفَّازَات

quffāzāt

les gants

مِظَلَّة

miẓalla

le parapluie

سَاعَةُ اليَد

sāɛatu al-yad

la montre

نَظَّارَات

naẓẓārāt

les lunettes

حِزَام
ḥizām
la ceinture

جَوَارِب
jawārib
les chaussettes

أَحْذِيَة
aḥḏiya
les chaussures

حِذَاءٌ رِيَاضِي
ḥiḏa'un riyāḍi
les baskets

حِذَاءٌ مَطّاطِيّ
ḥiḏā' maṭṭāṭi
les bottes en caoutchouc

صَنَادِل
ṣanādil
les sandales

سُتْرَة، بُلُوزَةٌ صُوفِيَّة
sutra, bulūza ṣūfiyya
le pull

جَاكِيت
jākīt
la veste

تِي شِيرْت
tī chīrt
le tee-shirt

قَمِيص
qamīṣ
la chemise

سِرْوَال، بَنْطَلُون
sirwāl, banṭalūn
le pantalon

سِرْوَالٌ قَصِير
sirwālun qaṣīr
le short

تَنُّورَة
tannūra
la jupe

مِعْطَفٌ وَاقٍ مِنَ المَطَر
miɛṭafun wāqin mina al-maṭar
le manteau imperméable

مِئْزَر
mi'zar
le tablier

وِشَاح
wichāḥ
l'écharpe (une)

لِبَاسُ السِّبَاحَة
libāsu assibāḥa
le maillot de bain

لِبَاسُ النَّوْم ،بِيجَامَة
libāsu annawm, bījāma
le pyjama

وَسَائِلُ النَّقْلِ

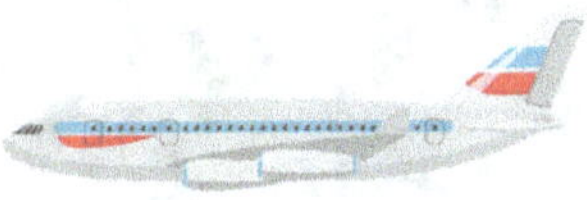

طَائِرَة
ṭā'ira
l'avion (un)

قَارِب، سَفِينَة
qārib, safīna
le bateau

سَيَّارَة
sayyāra
la voiture

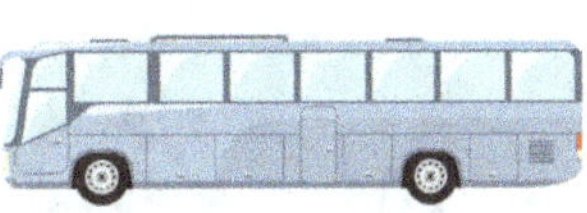

حَافِلَة
ḥāfila
le bus

قِطَار
qiṭār
le train

شَاحِنَة
chāḥina
le camion

سُكُوتَر

sukūtar

la trottinette

دَرَّاجَة نَارِيَّة

darrāja nāriyya

la moto

دَرَّاجَة هَوَائِيَّة

darrāja hawā'iyya

la bicyclette

جَرَّار

jarrār

le tracteur

زَوْرَق

zawraq

la barque

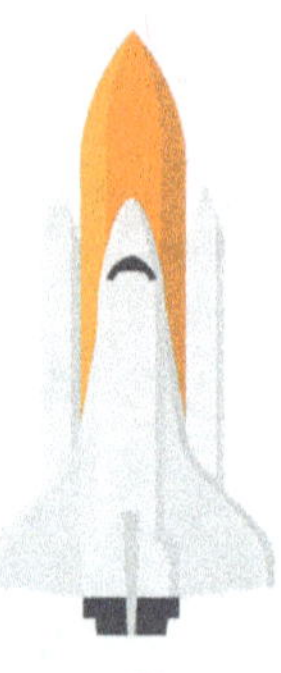

صَارُوخ

ṣārūkh

la fusée

LA MAISON

مَنْزِل، دَار
manzil, dār
la maison

بَاب
bāb
la porte

سِتَارَة
sitāra
le rideau

نَافِذَة
nāfiḏa
la fenêtre

بَطَّانِيَّة، غِطَاء
baṭṭāniyya, ghiṭā'
la couverture

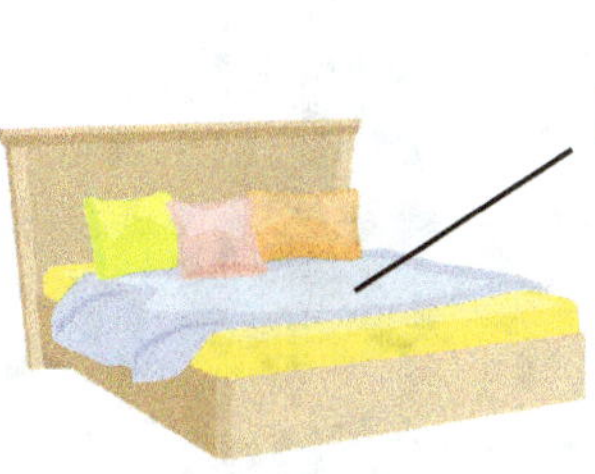

سَرِير
sarīr
le lit

كُرْسِي
kursī
la chaise

أَرِيكَة

arīka

le canapé

وِسَادَة

wisāda

l'oreiller

طَاوِلَة

ṭāwila

la table

خِزَانَة

khizāna

l'armoire (une)

تِلِفِزْيُون

tilifizyūn

la télé

جِهَازُ التَّحَكُّم عَن بُعْد

jihāzu attaḥakkum ɛan buɛd

la télécommande

مِفْتَاح
miftāḥ
la clef

مِصْبَاح
miṣbāḥ
l'ampoule (une)

مِشْبَك المَلابس
michbak al-malābis
la pince à linge

مِنْشَار
minchār
la scie

مِكْنَسَة
miknasa
le balai

سُلَّم
sullam
l'échelle (une)

مِطْرَقَة ثَقِيلَة

miṭraqa ṯaqīla

la massette

مِطْرَقَة

miṭraqa

le marteau

حَبْل

ḥabl

la corde

مِفَكُّ البَرَاغِي

mifakku al-barāghī

le tournevis

مِجْرَفَة

mijrafa

la pelle

دَوَاء

dawā'

le médicament

مِقْبَس كَهْرَبَائِي
miqbas kahrabā'i
la prise électrique

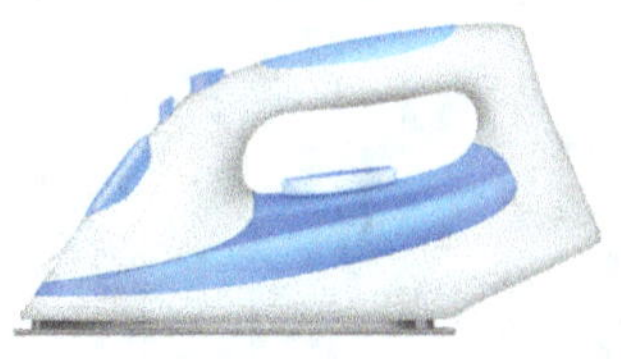

مِكْوَاة
mikwāt
le fer à repasser

دَلْو
dalw
le seau

صُنْبُور
ṣunbūr
le robinet

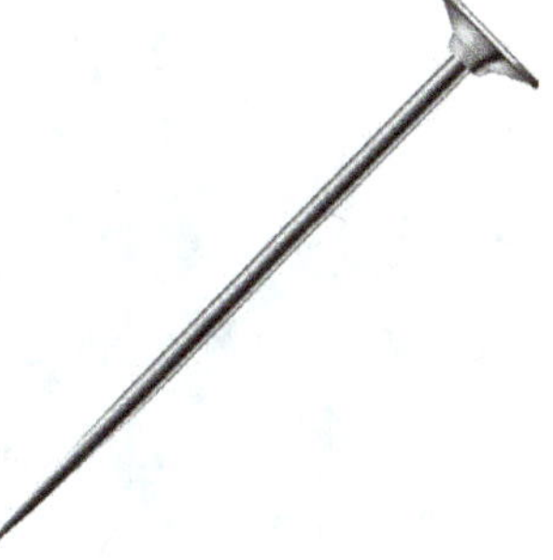

مِسْمَار
mismār
le clou

سَجَّادَة، زَرْبِيَّة
sajjāda, zarbiyya
le tapis

LA CUISINE

ثَلّاجَة
ṯallāja
le réfrigérateur

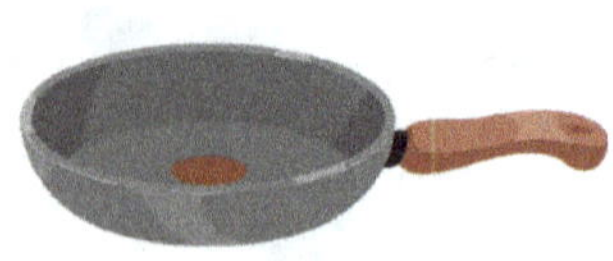

مِقْلاة
miqlāt
la poêle

مِلْعَقَة
milɛaqa
la cuillère

شَوْكَة
chawka
la fourchette

سِكّين
sikkīn
le couteau

كَأْس
_ka's_
le verre

سُلْطَانِيَّة

ṣulṭāniyya

le bol

قَارُورَة، قِنّينَة

qārūra, qinnīna

la bouteille

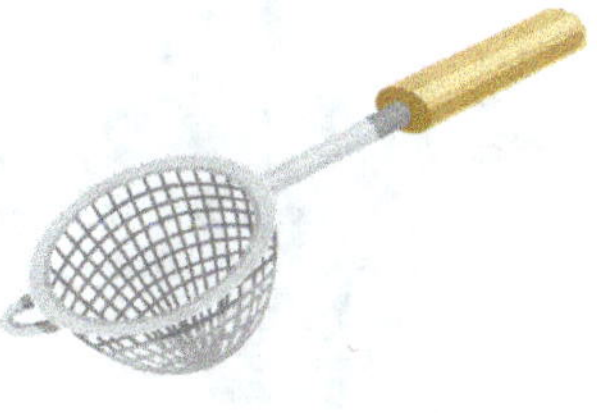

مِضفَاة

miṣfāt

la passoire

طَبَق

ṭabaq

l'assiette (une)

مِنْشَفَة

minchafa

le torchon

وَلّاعَة

wallāɛa

le briquet

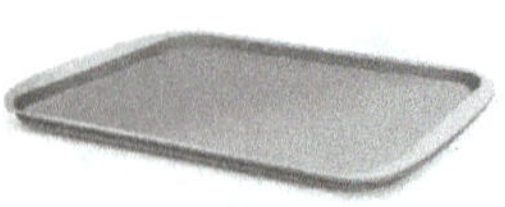

صِينِيَّة
ṣīniyya
le plateau

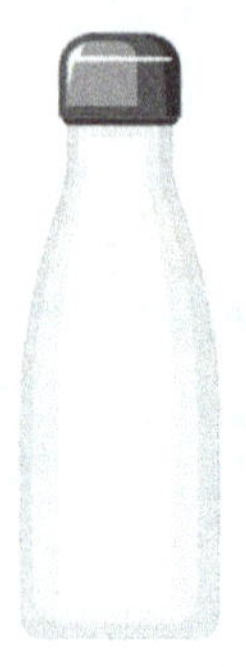

إِبْريق حَرَاري، تِرْمُوس
ibriqun ḥarāri, tirmūs
le thermos

غَلَّايَة
ghallāya
la bouilloire

مَوْقِدُ غَاز
mawqidu ghāz
la gazinière

فُرْن
furn
le four

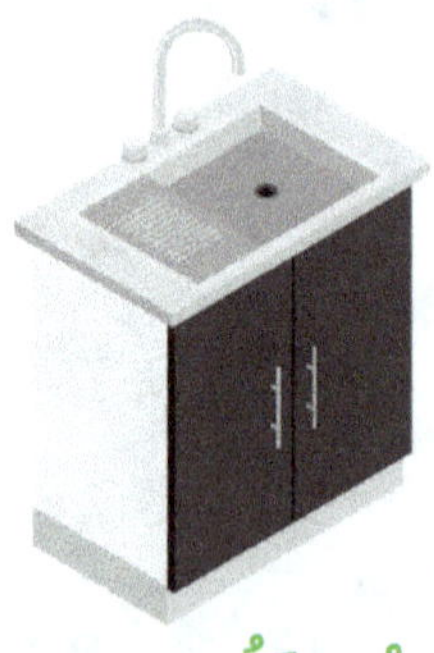

مِغْسَلَةُ المَطْبَخ
mighsalatu al-maṭbakh
l'évier de cuisine (un)

LA SALLE DE BAIN

حَمَّام

فُوطَة

fūṭa

la serviette

مِرآة

mir'āt

le miroir

مِيزَان

mīzān

la balance

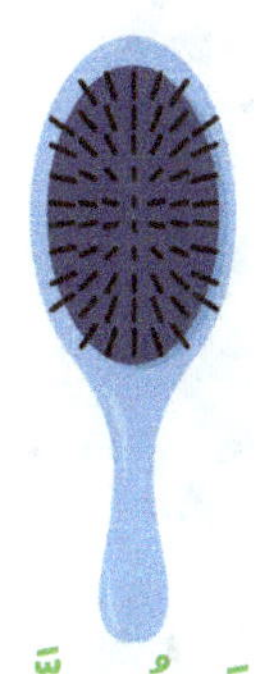

فُرْشَاةُ الشَّعْر

furchātu achaɛr

la brosse à cheveux

مَعْجُون الأَسْنَان

maɛjūn al-asnān

le dentifrice

فُرْشَاةُ الأَسْنَان

furchātu al-asnān

la brosse à dents

شَامْبُو
chambū
le shampoing

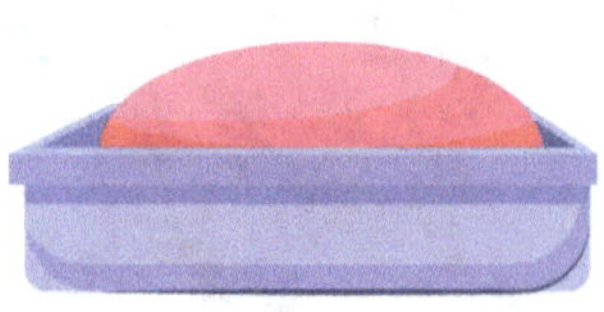

صَابُون
ṣābūn
le savon

دُش، مِرَشَّةُ الحَمّام
duch, mirachatu al-ḥammām
la douche

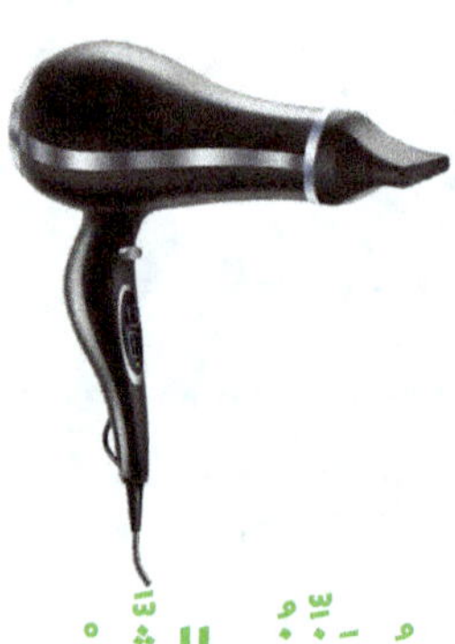

مُجَفِّفُ الشَّعْر
mujaffifu achaɛr
le séchoir

حَوْضُ الغَسْل، مِغْسَلَة
ḥawḍu al-ghasl, mighsala
le lavabo

مِرْحَاض
mirḥāḍ
les toilettes

L'ÉCOLE

الْمَدْرَسَة

مَدْرَسَة

madrasa

l'école (une)

قِسْم، صَفّ

qism, ṣaff

la classe, la salle

مُدَرِّس

mudarris

l'instituteur (un)

مُدَرِّسَة

mudarrisa

l'institutrice (une)

تِلْمِيذَة

tilmīda

l'étudiante, l'élève (une)

تِلْمِيذ

tilmīd

l'étudiant, l'élève (un)

مِبْراةُ الأَقْلامِ

mibrātu al-aqlām

le taille-crayon

طَبَاشِير

ṭabāchīr

la craie

سَبُّورَة

sabbūra

le tableau

طَاوِلَة

ṭāwila

la table

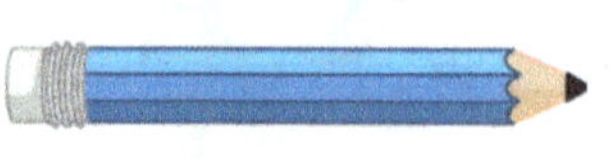

قَلَم

qalam

le crayon

أَقْلامُ التَّلْوِين

aqlāmu attalwīn

les crayons de couleur

مِسْطَرَة
misṭara
la règle

فُرْشَاة
furchāt
le pinceau

مِمْحَاة
mimḥāt
la gomme

مِقْلَمَة
miqlama
la trousse

دَفْتَر
daftar
le cahier

كِتَاب
kitāb
le livre

قَلَمُ حِبْر
qalamu ḥibr
le stylo

حَقِيبَة مَدْرَسِيَّة
ḥaqība madrasiyya
le cartable

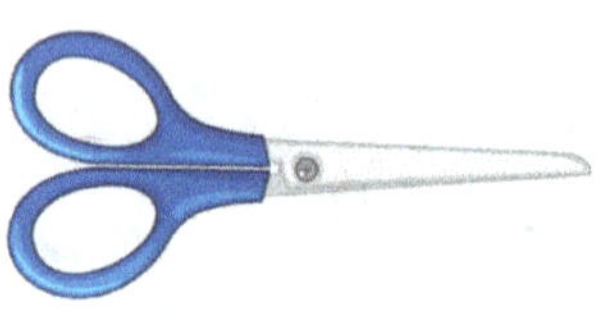

مِقَصّ
miqaṣṣ
les ciseaux

طَابِعَة
ṭābiɛa
l'imprimante (une)

حَاسُوب
ḥāsūb
l'ordinateur (un)

حَاسُوب مَحْمُول
ḥāsūb maḥmūl
l'ordinateur portable (un)

قَامُوس، مُعْجَم

qāmūs, muɛjam

le dictionnaire

آلَةٌ حَاسِبَة

ālatun ḥāsiba

la calculatrice

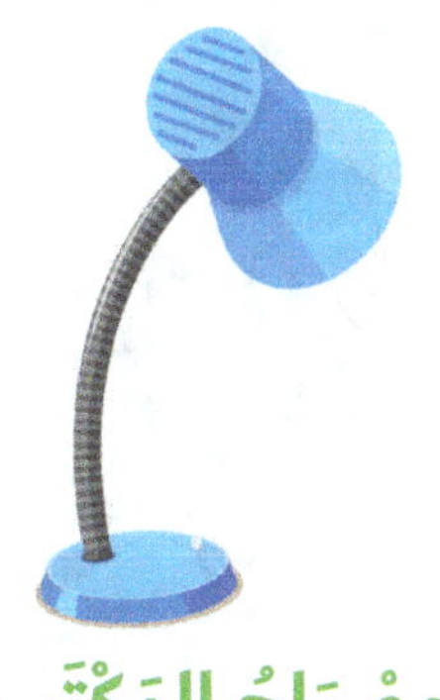

مِصْبَاحُ المَكْتَب

miṣbāḥu al-maktab

la lampe

غِرَاء

ghirā'

la colle

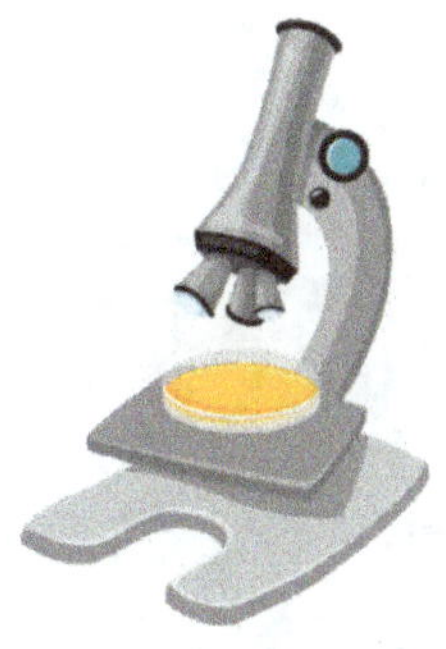

مِجْهَر

mijhar

le microscope

تِلِسْكُوب

tiliskūb

le télescope

LES ANIMAUX

بَبَّغَاء
babbaghā'
le perroquet

سُلَحْفَاة
sulaḥfāt
la tortue

كَلْب
kalb
le chien

قِطّ
qiṭṭ
le chat

أَرْنَب
arnab
le lapin

فَأْر
fa'r
la souris

دَجَاجَة
dajāja
la poule

دِيك
dīk
le coq

كَتْكُوت
katkūt
le poussin

حَمَامَة
ḥamāma
le pigeon

بَطَّة
baṭṭa
le canard

حِصَان
ḥiṣān
le cheval

بَقَرَة

baqara

la vache

ثَوْر

ṯawr

le taureau

خَرُوف

kharūf

le mouton

حِمَار

ḥimār

l'âne (un)

مَعْزَة

maɛza

la chèvre

خِنْزِير

khīnzīr

le cochon

تِمْسَاح
timsāḥ
le crocodile

ثُعْبَان
t̲uɛbān
le serpent

ضِفْدَع
ḍifdaɛ
la grenouille

سِحْلِيَّة ، وَزَغ
siḥliyya, wazagh
le lézard

حَلَزُون
ḥalazūn
l'escargot (un)

حِرْبَاء
ḥirbā'
le caméléon

طَائِر

ṭā'ir

l'oiseau (un)

نَعَّامَة

naɛɛāma

l'autruche (une)

بُومَة

būma

le hibou

نَسْر

nasr

l'aigle (un)

لَقْلَاق

laqlāq

la cigogne

صَقْر

ṣaqr

le faucon

نَمِر

namir

le tigre

ثَعْلَب

ṯaɛlab

le renard

اِبْن آوَى

ibn āwa

le chacal

ذِئْب

ḏi'b

le loup

فَهْد

fahd

le léopard

أَسَد

asad

le lion

وَحِيدُ القَرْن

waḥīdu al-qarn

le rhinocéros

قُنْفُذ

qunfuḏ

le hérisson

دُبّ

dubb

l'ours (un)

ضَبْع

ḍabɛ

la hyène

جَمَل

jamal

le dromadaire

قِرْد

qird

le singe

غَزَالَة
ghazāla
la gazelle

أَيِّل
ayyil
le cerf

فِيل
fīl
l'éléphant (un)

زَرَافَة
zarāfa
la girafe

أَرْنَب بَرِّي
arnab barri
le lièvre

خِنْزِير بَرِّي
khinzir barri
le sanglier

سَمَكَة
samaka
le poisson

سَمَك القِرْش
samak al-qirch
le requin

حُوت
ḥūt
la baleine

أُخْطُبُوط
ukhṭubūṭ
le poulpe

دُلْفِين
dulfīn
le dauphin

أَنْقَلَيْس
anqalays
l'anguille (une)

سَرَطان البَحْر
saraṭān al-baḥr
le crabe

كَرْكَنْد، جَرَاد البَحْر
karkand, jarād al-baḥr
le homard

جَمْبَري
jambarī
la crevette

فَرَسُ البَحْر
farasu al-baḥr
l'hippocampe (un)

فُقْمَة
fuqma
le phoque

فَرَسُ النَّهْر
farasu an-nahr
l'hippopotame (un)

LES INSECTES

نَحْلَة
naḥla
l'abeille (une)

دُعْسُوقَة
duɛsūqa
la coccinelle

فَرَاشَة
farācha
le papillon

نَمْلَة
namla
la fourmi

بَعُوضَة
baɛūḍa
le moustique

ذُبَابَة
dubāba
la mouche

عَنْكَبُوت

ɛankabūt

l'araignée (une)

صُرْصُور

ṣurṣūr

le cafard

دُودَة

dūda

le ver

عَقْرَب

ɛaqrab

le scorpion

جَرَادَة

jarāda

la sauterelle

سُرْعُوف

surɛūf

la mante religieuse

LE QUARTIER

مَبْنَى
mabnā
l'immeuble (un)

مَنْزِل
manzil
la maison

سُوق
sūq
le marché

مَحَل بَقَّالَة
maḥal baqqāla
la supérette, l'épicerie (une)

مَطْعَم
maṭɛam
le restaurant

مَخْبَزة
makhbaza
la boulangerie

مَدْرَسَة
madrasa
l'école (une)

جَامِعَة
jāmiεa
l'université (une)

مَسْرَح
masraḥ
le théâtre

سِينِمَا
sīnimā
le cinéma

صَيْدَلِيّة
ṣaydaliyya
la pharmacie

مَكْتَبة
maktaba
la bibliothèque

مَسْجِد
masjid
la mosquée

كَنِيسَة
kanīsa
l'église (une)

مُسْتَشْفَى
mustachfā
l'hôpital (un)

مُفْتَرَقُ الطُّرُق
muftaraqu aṭṭuruq
le carrefour, le croisement

طَرِيق
ṭarīq
la route

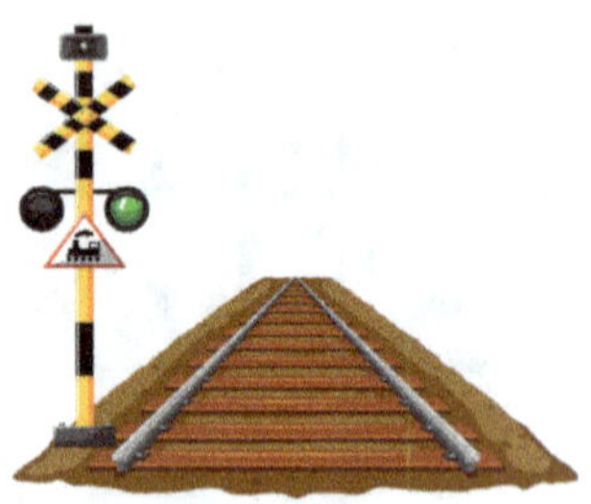

سِكَّة حَدِيدِيَّة
sikka ḥadīdiyya
le chemin de fer

أَضْوَاء المُرُور
aḍwā' al-murūr
les feux de circulation

مِعْبَرُ المُشَاة
maɛbaru al-muchāt
le passage piéton

المَال، العُمْلَة
al-māl, al-ɛumla
l'argent, la monnaie

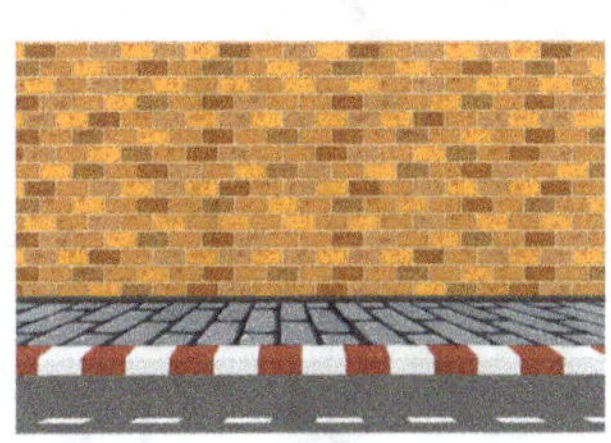

رَصِيف
raṣīf
le trottoir

إشَارَاتُ حَرَكَةِ المُرُور
ichārātu ḥarakati al-murūr
les panneaux de signalisation

مِصْعَد
miṣɛad
l'ascenseur (un)

شَجَرَة
chajara
l'arbre (un)

غَابَة
ghāba
la forêt

نَبْتَة
nabta
la plante

وَرْدَة
warda
la fleur

حَدِيقَة
ḥadīqa
le jardin

قَوْسُ قُزَح
qawsu quzaḥ
l'arc-en-ciel (un)

رَبِيع

rabīᵌ
le printemps

صَيْف

ṣayf
l'été (un)

الفُصُول

al-fuṣūl
les saisons

شِتَاء

chitā'
l'hiver (un)

خَرِيف

kharīf
l'automne (un)

نَهْر

nahr
la rivière

جَبَل

jabal
la montagne

العَالَم، الأَرْض
al-ɛālam, al-arḍ
le monde, la Terre

شَمْس
chams
le soleil

بَدْرٌ كَامِل
badrun kāmil
la pleine lune

قَمَر
qamar
la lune

نُجُوم
nujūm
les étoiles

مَطَر
maṭar
la pluie

بَرْق
barq
l'éclair (un)

ثَلْج
ṯalj
la neige

سَحَاب
saḥāb
le nuage

صَخْرة
ṣakhra
la roche

بَحْر
baḥr
la mer

سَمَاء
samā'
le ciel

شَاطِئ
chāṭi'
la plage

مَاء
mā'
l'eau

نَار
nār
le feu

أَرْض، تُرْبَة
arḍ, turba
le sol

خَشَب
khachab
le bois

جَلِيد
jalīd
la glace

هَوَاء
hawā'
l'air

بُحَيْرَة

buḥayra

le lac

شَلَّال

challāl

la cascade

جَزِيرَة

jazīra

l'île (une)

ضَبَاب

ḍabāb

le brouillard

رِيَاح

riyāḥ

le vent

ضَوْء

ḍaw'

la lumière

نَهَار
nahār
le jour

لَيْل
layl
la nuit

شَمَال
chamāl
le nord

غَرْب
gharb
l'ouest

شَرْق
charq
l'est

جَنُوب
janūb
le sud

ذَهَب
dahab
l'or

حَدِيد
ḥadīd
le fer

فِضَّة
fiḍḍa
l'argent

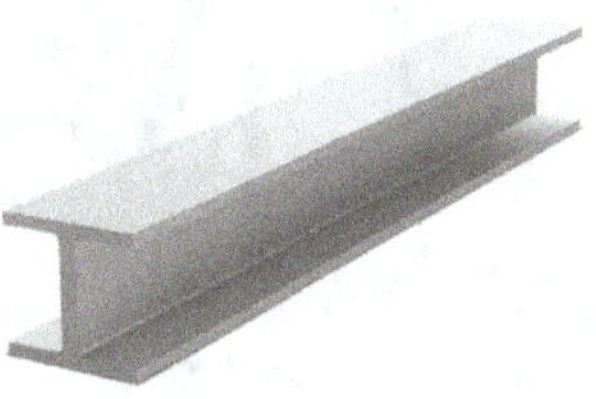

نُحَاس
nuḥās
le cuivre

فُولَاذ
fūlāḏ
l'acier

برُونْز
brūnz
le bronze

LES PROFESSIONS

مُهَنْدِس مِعْماري

muhandis miɛmārī

l'architecte

مُهَنْدِس

muhandis

l'ingénieur

طَبيبَة

ṭabība

le/la médecin

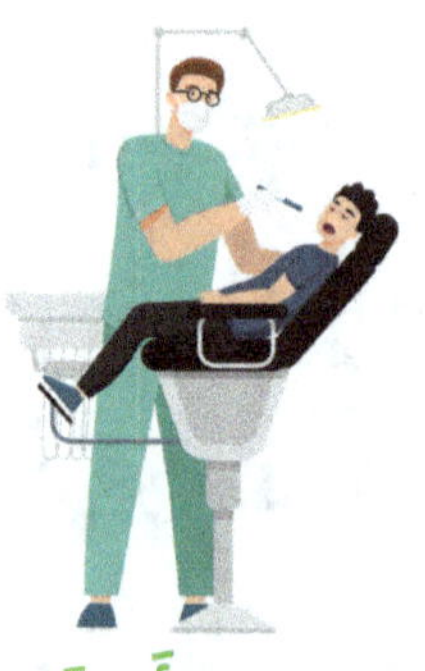

طَبيب الأَسْنَان

ṭabīb al-asnān

le dentiste

طَبيب بَيْطَري

ṭabīb bayṭārī

le vétérinaire

أُسْتَاذَة

ustāḏa

la professeure

حَدَّاد
ḥaddād
le forgeron

فَنَّان
fannān
l'artiste

خَبَّاز
khabbāz
le boulanger

جَزَّار
jazzār
le boucher

أَمِينَةُ الصُّنْدُوق، صَرَّافَة
amīnatu assundūq, ṣarrāfa
la caissière

سَاعِي البَريد
sāɛī al-barīd
le facteur

سَبَّاك
sabbāk
le plombier

سَائِق
sāʾiq
le chauffeur

حَلَّاق
ḥallāq
le coiffeur

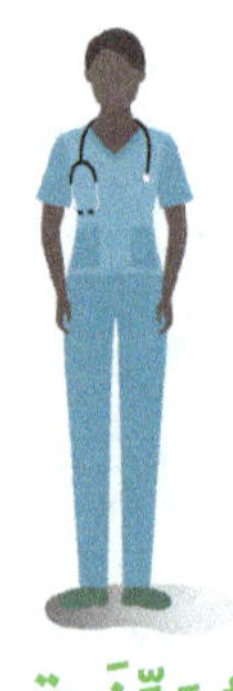

مُمَرِّضَة
mumarriḍa
l'infirmière (une)

رَئيسَةُ الطُّهَاة
raʾīsatu aṭṭuhāt
la cheffe cuisinière

فَلّاح
fallāḥ
l'agriculteur (un)

رَجُلُ الإِطْفَاء
rajulu al-iṭfāʾ
le pompier

ضَابِط شُرْطَة
ḍābiṭu churṭa
le policier

جُنْدِي
jundī
le soldat

صَحَافِيَّة
ṣaḥāfiyya
la journaliste

بَنَّاء
bannāʾ
le maçon

مِيكَانِيكِي
mīkānīkī
le mécanicien

ṭayyār

le pilote

muṣawwir futughrāfī

le photographe

nādila

la serveuse

ḥirafī

l'artisan (un)

ṣayyādu assamak

le pêcheur

najjār

le menuisier

رَئِيس
ra'īs
le président

مُدِير
mudīr
le directeur

وَزِيرَة
wazīra
la ministre

سَفِيرَة
safīra
l'ambassadrice (une)

مُحَامِي
muḥāmī
l'avocat (un)

قَاضِيَة
qāḍiya
la juge

LE SPORT ET LES JEUX   الرِّيَاضَةُ وَالأَلْعَاب

كُرَة
kura
le ballon

الكُرَات
al-kurāt
les billes

لَوْحُ التَّزَلُّج
lawḥu attazalluj
le skateboard

التَّزَلُّجُ عَلَى الجَلِيد
attazalluju ɛala al-jalīd
le patinage sur glace

لُعْبَةُ وَرَق
luɛbatu waraq
le jeu de cartes

لُعْبَةُ الدُّومِينُو
luɛbatu addūmīnū
le jeu de dominos

كُرَةُ القَدَم
kuratu al-qadam
le football

كُرَةُ اليَد
kuratu al-yad
le handball

الكُرَةُ الطَّائِرَة
al-kuratu aṭṭā'ira
le volley-ball

كُرَةُ السَّلَّة
kuratu assalla
le basket-ball

سِبَاحَة
sibāḥa
la natation

سِبَاق
sibāq
la course

LES NOMBRES

صِفْر
şifr
zéro

وَاحِد
wāḥid
un

إِثْنَان
iṯnān
deux

ثَلَاثَة
ṯalāṯa
trois

أَرْبَعَة
arbaɛa
quatre

خَمْسَة
khamsa
cinq

سِتَّة

sitta

six

سَبْعَة

sabɛa

sept

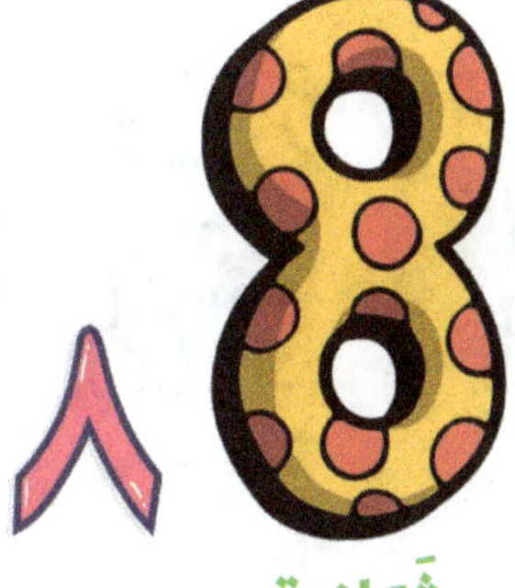

ثَمَانِيَة

t̲amāniya

huit

تِسْعَة

tisɛa

neuf

عَشَرَة

ɛachara

dix

أَحَدَ عَشَر

aḥada ɛachar

onze

إِثْنَا عَشَر

iṯnā ɛachar

douze

ثَلَاثَةَ عَشَر

ṯalāṯata ɛachar

treize

أَرْبَعَةَ عَشَر

arbaɛata ɛachar

quatorze

خَمْسَةَ عَشَر

khamsata ɛachar

quinze

سِتَّةَ عَشَر

sittata ɛachar

seize

سَبْعَةَ عَشَر

sabɛata ɛachar

dix-sept

ثَمَانِيَةَ عَشَر
ṯamāniyata ɛachar
dix-huit

تِسْعَةَ عَشَر
tisɛata ɛachar
dix-neuf

عِشْرُون
ɛichrūn
vingt

وَاحِد وَ عِشْرُون
wāḥid wa ɛichrūn
vingt et un

اثْنَان وَعِشْرُون
iṯnāni wa ɛichrūn
vingt-deux

ثَلَاثُون
ṯalāṯūn
trente

أَرْبَعُون
arbaɛūn
quarante

خَمْسُون
khamsūn
cinquante

يِتُّون
sittūn
soixante

سَبْعُون
sabɛūn
soixante-dix

ثَمَانُون
ṯamānūn
quatre-vingts

تِسْعُون
tisɛūn
quatre-vingt-dix

مِئَة

mi'a

cent

مِائَة وَعَشَرَة

mi'a wa ɛachara

cent dix

مِائَتَان

mi'atān

deux cents

ثَلَاثُمِائَة

talāṯumi'a

trois cents

أَرْبَعُمِائَة

arbaɛumi'a

quatre cents

خَمْسُمِائَة

khamsumi'a

cinq cents

سِتُّمِائَة
sittumi'a
six cents

سَبْعُمِائَة
sabɛumi'a
sept cents

ثَمَانُمِائَة
ṯamānumi'a
huit cents

تِسْعُمِائَة
tisɛumi'a
neuf cents

أَلْف
alf
mille

أَلْفَان
alfān
deux mille

LES FORMES

الأَشْكَالُ الهَنْدَسِيَّة

شُعَاع
chuɛāɛ
le rayon

مَرْكَز
markaz
le centre

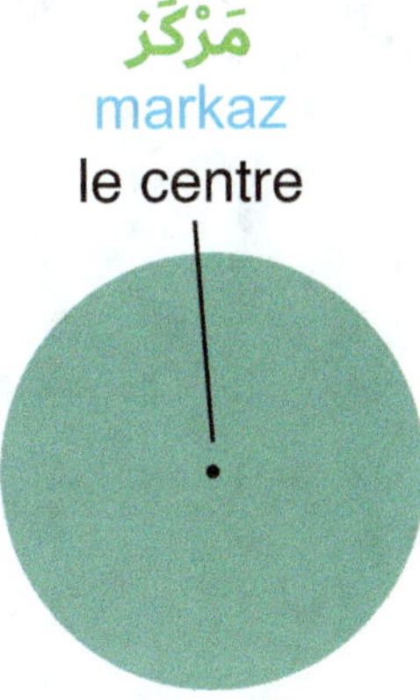

زَاوِيَة
zāwiya
l'angle (un)

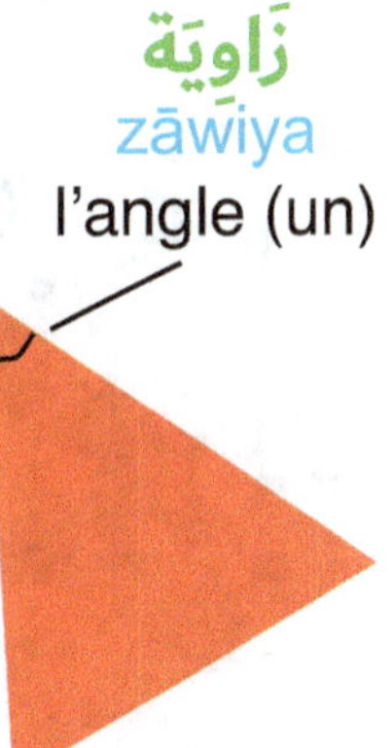

دَائِرَة
dā'ira
le cercle

قُرْص
qurṣ
le disque

مُثَلَّث
muṯallaṯ
le triangle

مُرَبَّع
murabbaɛ
le carré

مُسْتَطِيل
mustaṭīl
le rectangle

مُعَيَّن
muɛayyan
le losange

شِبْه مُنْحَرف
chibh munḥarif
le trapèze

إِهْلِيلِج، بَيْضَاوِي
ihlīlij, bayḍāwī
l'ellipse (une)

خَطّ
khaṭṭ
la ligne

الْأَلْوَان

أَزْرَق

azraq

bleu

أَصْفَر

aṣfar

jaune

أَسْوَد

aswad

noir

أَبْيَض

abyaḍ

blanc

أَحْمَر

aḥmar

rouge

أَخْضَر

akhḍar

vert

بُرْتُقَالِي
burtuqālī
orange

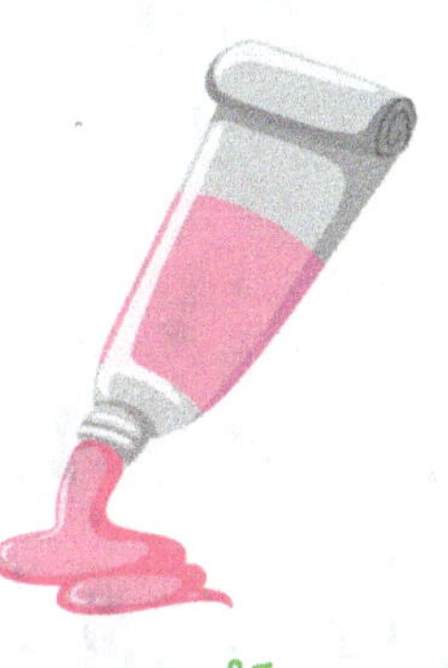

بَنَفْسَجِي
banafsajī
violet

بُنِّي
bunnī
marron

وَرْدِي
wardī
rose

أَخْضَر فَاتِح
akhḍar fātiḥ
vert clair

رَمَادِي
ramādī
gris

LA TERRE

اليَابِسَة
al-yābisa
la terre ferme

القُطْب الشَّمَالِي
al-qutb achamāli
le pôle nord

سِلْسِلَة جَبَلِيَّة
silsila jabaliyya
la chaîne de montagnes

بَحْر
baḥr
la mer

قَارَّة
qārra
le continent

المُحِيط
al-muḥīṭ
l'océan (un)

جَزِيرَة
jazīra
l'île (une)

شِبْه جَزِيرَة
chibh jazīra
la péninsule

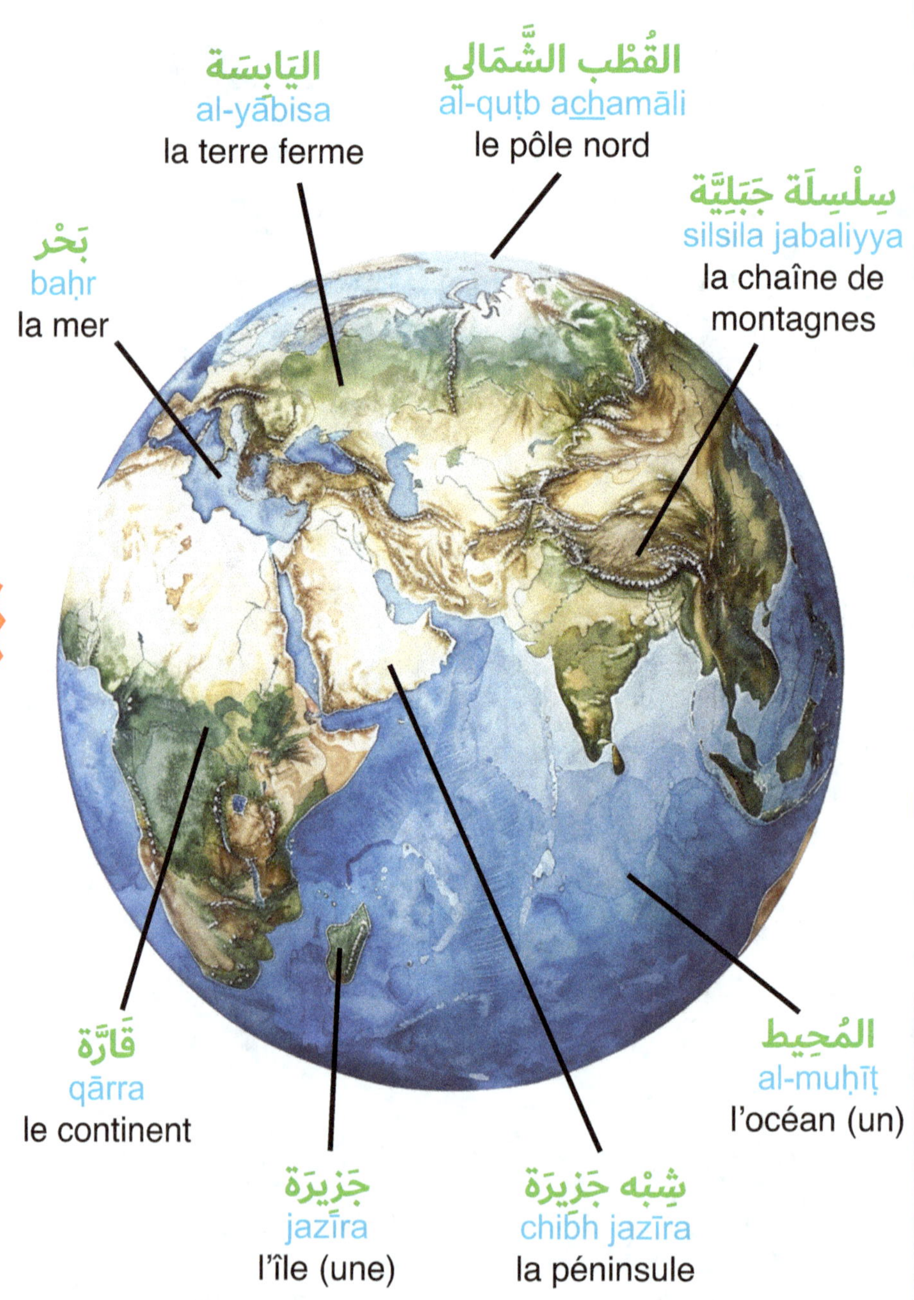

LE TEMPS

الوَقْت

الأَرْبِعَاء
al-arbiɛā'
mercredi

الخَمِيس
al-khamīs
jeudi

الجُمُعَة
al-jumuɛa
vendredi

الثُّلاثَاء
attulātā'
mardi

السَّنَة
assana
l'année (une)

الإثْنَيْن
al-iṯnayn
lundi

السَّبْت
assabt
samedi

الأُسْبُوع
al-usbūɛ
la semaine

الأَحَد
al-aḥad
dimanche

الأَمْس، البَارِحَة
al-āms,
al-bāriḥa
hier

اليَوْم
al-yawm
aujourd'hui

غَداً
ghadan
demain

نِهَايَة الأُسْبُوع
nihāyatu
al-usbūɛ
le week-end

السَّاعَة
assāɛa
l'heure (une)

الدَّقَائِق
addaqā'iq
les minutes

الثَّوَانِي
aṯṯawāni
les secondes

LES MOIS

الشُّهُور

يَنَايِر

yanāyr

janvier

فْبْرَايِر

fibrāyr

février

مَارِس

māris

mars

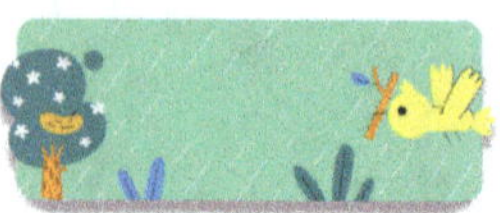

أَبْرِيل

abrīl

avril

مَايُو

māyū

mai

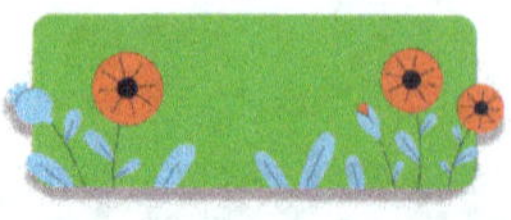

يُونْيُو

yūnyū

juin

يُولْيُوز، يُولْيُو

yūlyūz, yūlyū

juillet

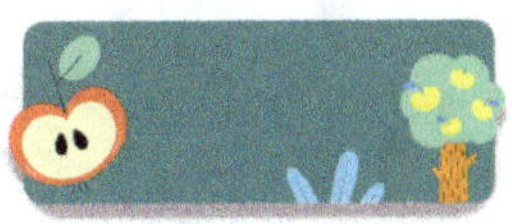

غُشْت، أَغُسْطُس

ghucht, ughusṭus

août

شُتَنْبِر، سِبْتَمْبِر

chutanbir, sibtambir

septembre

أُكْتُوبِر

uktūbar

octobre

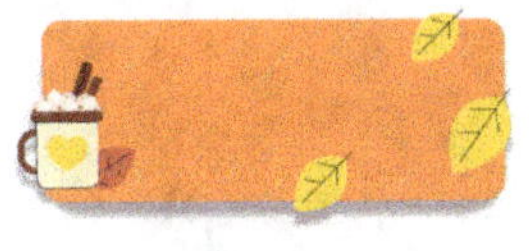

نُوَنْبِر، نُوفِمْبِر

nuwanbir, nūfimbir

novembre

دُجَنْبِر، دِيسِمْبِر

dujanbir, dīsimbir

décembre

www.ingramcontent.com/pod-product-compliance
Lightning Source LLC
Chambersburg PA
CBHW061254250726
48653CB00002B/650